SV

Windzüge

I

Aus der Frühe

Ich flieh zu denselben Worten:
Im Dunkel ist alles ein Spiel …
Dich nach der Wärme zu orten,
nach keinem Lebensziel.
Ich flüstere von zarten
Häuten, den Schwämmen, den Flügeln.
Sie ruhen aus in dem harten
Schwarz bei den Augenhügeln.

Ein Hauch am Fenster, tröpfchenschwer:
Gedanken geht ins Dämmern.
Ich mache keine Worte mehr.
Es gibt genug. Sie hämmern
genug im Schlaf schon. Selbst die Platten
auf Gräbern, namenübersät,
sind ungewiß längst wie die Schatten …
Ach laßt! Ich weiß schon, es ist spät.

Wer will das unbekannte Land denn sehen?
Wer überliefern, was geschieht?
Reliquien, die zu Ende gehen,
die Elster, die mit Kreuzessplittern flieht.
Mit einem Satz hockt bei den Pfählen
ein Gott, der hungert. Lächelt er?
Verunsichert? Kann nicht erzählen,
was gestern war, die Kurzzeit: leer?

Vier Silben – Jahre, Juni – kaue ich,
die Bruchsteinwand ist meterdick.
Der schreibt, von dem ich schrieb, er wich
in Brocken aus, hart das Genick,
die Zunge schnellt ihm über Glas,
und ich verharre, Beute der Gedanken,
ich wachse gleichmäßig wie Gras,
erwärme mit dem Atem Efeuranken.

Nichts dabei, keine Sprache der Kleider,
keine verständliche Physiognomie,
keine Seele zum Anschauen, leider
war alles, was gestern war, nie.

Nichts ist übersetzbar, die Steine
im Rucksack: Was bedeuten sie hier?
Jeder Tag sucht sich das Seine.
Das Ticket sucht mich, sein Tier.

II

Brennender Dornbusch

Ein Vogel will erwachen, seine Schwingen,
    erfaßt von Böen, ruhen nicht mehr lang.
    Sein Nest ist nur noch Gras, und etwas fehlt.

Er fühlt nicht, was es ist, nur wie es fehlt,
    und trägt die Angst, das Beben, Schlag um Schlag,
    wenn auf die Nacht folgt immer noch ein Tag,

trägt sein Gefieder wie ein fremdes Lachen.
    Da war doch nur ein Laut, ja, nur ein Hauch,
    bevor der Laut begann … Als Tierversuch?

Als Vogel? Als Gerücht des eignen Flugs?
    Am Felshang graut der Morgen, weite Schwingen,
    gestützt auf Knochen, ruhen nicht mehr lang.

Es fehlt ja nur ein Rascheln zum Erwachen,
ein Flügelschlag, ein Wind, ja, nur ein Hauch.

Die Perlmuttfalter aus dem Moor vermehren
  sich hitzig und verhungern, braune Schuppen,
  die vielen Augenflecken leuchten klar.

Ihr Schwirren ist fast lautlos, schnell vergessen:
  Verfallen in das Unmaß ist dem Leben
  zu eigen wie der Hunger, wie der Himmel –

sie steigen auf, weil sie nicht weiterwissen?
  Die Perlmuttfalter aus dem Moor vermehren
  sich wie die Sterne, abendlicher Himmel.

Verfallen in das Unmaß, wirre Schuppen:
  Dem Gott sei Ehre für die dunklen Schwingen!
  Für die Unzählbarkeit und das Mißlingen!

Es kehrt ja niemals wieder, was ein Leben
  im Wind, im braunen Augenflimmern war.

Der Aal, verstecktes Brennen, Rauch, der Aal
  und Brandhauch, Ahornscheite, die zerspringen,
  das Baumblut zischelt aus den Poren, Aal

war ein Geschmack der Kindheit, den ich nie
  geschmeckt, bei Nacht das ferne Singen
  der Möwen und der Fremden aus dem Westen,

im Fluß die Fische waren giftig, nie
  ein Aal, nur Rauch und Ahornstümpfe, Balken,
  die mit der Strömung gingen, Kleiderresten

von einem Volk, das sich verbarg, in Strudeln
  versanken die Gesichter, an den Balken
  hing Fisch zum Staunen aus. Den schnellen Strudeln,

der Asche las ich meine Tage vor,
ich sprach am Fluß und sprach in einem Chor.

Der Strandgänger und die Qualle

Der Strandgänger:
Denn gegenäugig ist das Hellerwerden,
und kaum verständlich ist, was bleibt.
Der Blick löst sich im Wasser wie in Verben:
Was zuckt, was schwillt, was weint, was treibt?

Die Qualle:
Daß ich in einem Strom vergeh ...
Ich werd erfaßt von einer Welle.
Daß ich in Strömung aufersteh ...
Ich bin der Strom an meiner Stelle.

Ich bin der Tag, der mich vergaß,
ich bin die Nacht in meinem Sog,
des Meeres durchsichtiges Maß ...

Der Strandgänger:
Denn uns erfüllt ein Licht, das uns nicht kennt,
die Welle, die uns fand und sich entzog,
weil uns ein dunkler Hunger von ihr trennt ...

Sie ist mir eingegeben, die Libelle,
ein stilles Komma in der Luft, sie steht,
als ihr das Graslicht in die Augen weht,
noch immer zögert sie an einer Stelle ...

Weil die Bewegungen nicht ihre waren?
Weil nichts erklärt, wie etwas folgen soll?
Weil das, was kommt, nicht uns gehört, und voll
die Flügel stehen, voll von Unsichtbarem?

Und wie sie zittert, ist sie ganz für sich –
ein unwägbares, schwebendes Gestein.
Ein blaues Licht schließt sie von innen ein.

Ich sehe ihren Glanz – er schaut doch mich.
Wie aufgereihte Perlen, ihre Glieder,
in ihrem Schimmer kehrt der Sommer wieder.

Ich wachte auf von einem Vogellaut.
Es ist zuviel gesagt, ich hätte ihn
gehört, wo er doch wie ein Raum erschien,
wie eine Öffnung … Eingebaut

in frühen Lärm, ein feines Bohrgeräusch,
ein Kurzschluß: aufgewehte Zeit?
Wer Ohren hat, der höre: Keine Zeit,
nur Zirpen, nur das sirrende Gesträuch,

ein Schürfen, wie ein Schleifgang grellen Lichts,
der hohe Töne in den Morgen spricht.
Dem Bohrloch folgt ein Terzenschlag, ein Klagen,

ein dunkles Wissen, so als seien Tag
und Stunde, was auch kommen mag,
in eine starre Weise eingetragen.

Du, Dorngesträuch im Feuer, Wüstenholz,
    das sich im Brennen nicht verzehrt und wurzelt
    im Wind: Die Zeit ist nicht in deinem Stamm.

Sie streift nur deinen Schatten, wie du brennst,
    streift deine Asche, die du nicht mehr kennst,
    im Wind: Die Zeit ist nicht in deinem Stamm.

Der lange Schlaf der Felsen und der Stolz
    der Skarabäen wehen fremd vorüber
    wie Plastikplanen, naher Krieg,

und was ein Gott von sich und dir verschwieg,
    um nicht zu schweigen. Nur dein Lichtschein wurzelt
    im Wind. Die Zeichnung deiner Glut wird trüber,

doch nicht verzehrt, obschon die Äste fehlen
im Wind, die Zeit ist nicht in deinem Schwelen.

Die Pappelblätter leuchten, wie ein Schrei,
gewendet in die Klarheit, immer höher
ins Blau, den Nachtgrund, immer höher
ins Silbergrau, bis nichts mehr sichtbar sei

als Streuungen: Das ist der stille Schein
des Monds nicht, nur der hellen Pappelblicke.
Sie wehen auseinander, wirre Stücke,
sie suchen sich und bleiben doch allein.

Es geht ein Rauschen, das mir alles nimmt
und sich verwandelt in die schwarze Trasse,
die wie ein Strich zu jeder Ahnung stimmt –

ein kalter Wind, der mir den Schlaf verscharrt:
Was ich als stetes Schwinden um mich fasse,
ist wie ein Ruf, der lange meiner harrt.

Die Felder aufgepflügt, die Landschaft flockt
wie dunkler Weinstein aus, das Dämmern nimmt
an meinem Körper Maß. Wo alles stimmt,
wo jeder sicher in Gefäßen hockt

und fortbewegt wird zwischen scheuen Dingen,
wo jeder Glaube sich im Schlaf zerteilt
zu ungewissen Sätzen, dort verheilt
nicht mehr die Schmach des stetigen Gelingens.

Ich lausche in den Tunnel. Er gehört
in ein System von Echos: Jeder Laut
ein Nachklang? Dröhnen, das verstört

wie eine Lähmung? Wer bewegt sich noch?
Der Gleisschlag ruht, im Widerhall gestaut:
Es sei noch Zeit, die in den Adern pocht?

Lieb Mutter Wölfin liegt im Wolkenschatten
an meinem Bett und nährt mich, wie es tropft
in meine Adern, in dem Dämmern klopft
der Tag an meine Stirn. Mit rohen Latten

sind die Gedanken abgesperrt. Allein
mit einer Wahrheit bin ich hier,
die wortlos ist: der Schmerz. Ihn kennt das Tier
im glänzend warmen Lampenschein.

Ein Hauch, wie Frühe, überzieht die Haut
mit Tau und Moos, worin sich Nässe staut.
Die Wölfin gab mir einen neuen Namen.

Ich weiß ihn nicht, er ist in mir zu tief,
ein Klang, der mich erfüllte, als ich schlief:
Er ruht in mir wie ein Gebet, ein Samen.

Heut ist es still geblieben. Deine Hunde,
sie haben kurz nur angeschlagen.
Weil sie am kalten Gitter lagen?
Am Kirschbaum ist nun ganz verharzt die Wunde.

Der Wind zog stetig weiter seine Schrift.
Ich stand am Wald heut, wußte nicht wohin,
und sah bald ein, daß mich hier niemand trifft.
Am Weg zu warten hatte keinen Sinn.

Nun ist es spät. Heut ist es still geblieben –
ein Glück, dem keiner wohl entkommt.
Ich sah, wie Zirren golden nordwärts trieben,

wie Samen ihre weißen Segel spannten,
wie sich ein Salzkristall auf Asphalt sonnt –
und meinte kurz, daß sie dich längst erkannten.

Der Frühling steht in hoher Zucht, im Gras –
ein weiches Scheingras, denn es wuchert schnell,
und nichts Erklärliches macht es so hell.
Die Wärme in dem Haus ist nur ein Gas,

doch hier ist Wärme, die nicht mehr verfliegt,
ist Wärme, die nicht welkt und die nicht bricht,
die noch kaum fühlbar ist, hier ist ein Licht,
das wie ein Glas auf einer Halde liegt.

Ich spür es nicht wie sonst auf meiner Haut,
das Licht trifft mich wie eine leise Strahlung,
verschlüsselt: Welchem Leben ist es Nahrung?

Als hätte es Fassaden aufgetaut
und gräbt nun die Erinnerung hervor,
wie uns sein Glanz entfachte und erkor.

Ich bin erwacht, es ist nur leichte Asche
geblieben, morgens auf dem Hof,
vom Baumstumpf, von dem Haar nur Asche,
ein Schweben – weiß, wie schwerelos.

Es ist ein seltner Wind die Asche,
wohin die Nacht doch niemals reicht,
wie ich auch heiß die Hände wasche,
das Schläfenhaar vorm Spiegel, es ist gleich:

Am Morgen ist ein Kreis von Asche
geblieben, sie ist warm und weich.
Es ist ein Glanz in ihr wie eine Glut,

wie sie von allem, was verbrannte, ruht.
Sie richtet aus, ein ausgeflocktes Licht,
das von uns wie von weißer Asche spricht.

Mit Vorsicht an das Tor zu pochen,
weil du Kranke sühnst und Sünden,
schweren Schmerz in leichten Knochen
und den Tod aus vielen Gründen,

weil die Luft in jäher Flamme
züngelt und die Gottheit kündet,
weil der Atem in die klamme
unvertraute Heimstatt mündet,

will ich mich verlassen auf den Toten,
den am Kreuz, und will der Jahre Richtung
nicht mehr kennen – nur die schnelle Hand,

die den Span gereicht, die knisternd rote
Kuppe eines Zünders, meine Lichtung,
wo verbrannt wird, was mich brauchend band.

Das Hundeauge sieht, ich weiß nicht was,
sieht auf, sieht in mir einen hohen Willen –
als ob ich in Kristall schau, einen stillen
Jaspis, das unverstandene Gelaß

der Ordnung. Augenlicht und klarer Stein,
sie fragen mich, mehr als ich sagen kann,
woher ich meinen festen Stand gewann
und was mich zwang, so unbestimmt zu sein.

Hörst du da draußen das Geräusch?
Wo unser Waldstück endet, schwarz
die Kronen, wo der Bodden wie ein Harz
herüberschimmert, hingekrümmt, Gesträuch,

ein Hauch? Ein Windzug übers Schilf?
Der Atem einer alten Möwe? Sirren
von Flügeln? Falscher Klang, ein falsches Schwirren?
Und niemand ist gewarnt und niemand hilft?

Beschwichtigt schauen wir auf Kies und Land.
Verläßlich wirkt die Aussicht. Doch die Schatten
mißtrauen uns, wie sie auf uns verweisen.

Was gilt es denn im Nahen zu beweisen?
Daß wir noch einen Grund zum Beten hatten?
Weil sich kein Grund für unser Schweigen fand?

Nur die Maschinen sind noch wach
im Graufraß, Reif auf weiten Gründen,
wohin die langen Wege münden,
das Nadeltreiben ist entfacht,

das Suchen ohne eine Gabe,
das Hamstern ohne eine Habe.
Begriffen im Verschwinden: Was?
Zergraben liegt das Tiergelaß.

Ein Dachs flieht taumelnd, wo der Steinschlag pocht,
ein fremder Strahl traf seine Schläfen.
Er kroch zurück zu seinem Loch,

doch fand nichts mehr, und drehte sich
verwirrt um sich, um seine Schläfen,
um seinen Schatten, schräg im Licht.

Waldgeräusch

Ein dürres Tier umkrallt den Buchenstamm.
　»Ich bin die Rinde und ich halte still.
　Ich weiß von keinem, den ich schützen will.

Ich bin der Baum und sauge wie ein Schwamm
　das Äußere nach innen, bin der Klang,
　der aus dem Tod in feine Zweige drang.

Ich bin das Laub, dem sich die Zähne zeigen.
　Ich bin der Schrei des Nestlings, bin die Nacht.
　Sie raunt: ...« Ein Hungertier ist aufgewacht.

Es ist von fremder Art, wie eine Asche.
　Spitzohrig, langes Fell ... »Was ich erhasche,
　ist mir erinnert, ist ein Wind und Schweigen.«

Erhöre, Namenloser, die dir eigen,
　die atmen, Hauch, und sich dir schutzlos zeigen!

Wie mich hüllt in stille Scheu
Gottes Aug, eh ich gedacht,
faßt es mich in klarer Nacht,
lang dem Blindgebornen treu.

Eingewoben wie ein leiser Faden,
eingesenkt ins Erdreich wie ein Schein,
bin ich in der Nässe sein,
wachse ruhig wie die Wintersaaten ...

... Daß verläßlich der Weg
und verständlich Verwandlung,
daß im Irren ergeht

das Geheiß der Handlung,
daß geborgen ihr Trug,
dringt mein Bitten dir zu.

Licht in Blättern, fliederfarben, rot,
als zuckten Seiden, über einen Grund gelegt,
der nimmt und nimmer gibt, und tot
nur Wort und wieder Wort im Schlund bewegt.

Gesagt ist Staub, doch aus der andern Richtung,
woher die Sonne glänzt, ist es ein Schimmer:
Er weist dem Tag jetzt seine schmale Lichtung,
die Bäume leuchten auf, als sei's für immer.

Und andres denk in andrer Zeit,
und andres hoffe dann. Im starren,
verschneiten Herbst, wenn hell verharren
die Bibernellen in der Ebenheit,

gibt es so vieles nur als eine Frage:
Was eben noch erschien als ein Gefäß,
wird seiner eignen Tiefe ungemäß,
und atemlos ist, was ich täglich sage.

Der Abstand zwischen Wort und Wort wird weit,
und Anfang heißt, was schnell verweht.
Im Kreuzdorn, wie als Zeiger, hängen Flügel,

als ob sie schlügen, Echos, in die Hügel
sind Stämme eingesenkt wie Stummgebete,
und andres Stückwerk glaub in andrer Zeit.

Die weite Stadt ist überstrahlt vom Mond:
Auf Plätzen, diese angeschauten Körper
erbauen Barrikaden im Gestöber
der Zeit, der andern Zeit, die sie nicht schont.

Sie haben alle ihren Trost,
sie drängen weiter, wo die Blicke enden.
Die Steine liegen warm in ihren Händen.
Sie gehen sicher, streiten namenlos.

Wohin gehört der Mond? In ihren Traum?
Ich weiß von mir in dem Gemenge kaum,
ich folge ihrer Frage nur: Wohin?

Ein Strom, ist das schon aller Sinn?
Die Auen, Straßen überstrahlt der Mond,
ein silbrig Scheinen, schuldlos, unbewohnt.

(Einst war Swedenborg ein winziges Wesen erschienen,
leuchtend, jenseitig, nur geschrumpft auf verständliche Maße,
doch erkannte der Seher den Schatten der spielenden Gottheit:)

Ein Männlein stand in rotem Samt
und stahl mir alles Essen.
Ich hab die Augen nie vergessen,
wie er zum Darben mich verdammt.

Ein Männlein lief in rotem Linnen
und nahm mir alle Zeit.
Ich daure fort, und was mich treibt,
ist fremd schon im Beginnen.

Was ich auch denk, das Männlein brennt
die Worte nieder, leert die Laute.
Was heißt, daß ich ein Tagwerk baute?

Das Männlein lacht, und wie sich's nennt,
ist stumm, verstummt mein Wissen –
so mag ich ihn nun nimmer missen.

Jetzt laßt mich reden: Unser Heil
ist längst ein Wort nur, alt wie Krätze.
Wir bieten Judenasche feil,
wir verbrennen Kirchenschätze,

wir sind zerlegt in viele Stücke,
die alle behaupten, sie hätten Gewicht;
Trost wie Auswurf, noch die Krücke
des Glaubens, erträglicher Satzbau zerbricht.

Als ob ich's sehen könnte, grelles Licht:
die Luke offen, du besuchst,
mein Gott aus der Höhe, diesen Verschlag?

Besuchst die Verschalung? Dein Angesicht
läßt stumm mich zurück mit jedem Versuch,
zu fassen, wonach du mich fragst ...

Längst entseelt in dem Gehäuse
  ruht der trockne, wirre Samen,
  ruht die eingekrümmte Zeit.

Bis ein Regen, bis ein Name
  Kommendes im Raum erwecken,
  ist's dies Welken, das befreit.

Reifstarr sind die Blätter, klar
brennt im Munde dir, was war.

Ich sah brennen den Strauch,
der gegliedert war wie ein Insekt,
die Flügel eben noch versteckt,
schon zog auf der Rauch,

und was mir vertraut war, verschwand.
Die kahle Rinde, das Chitin,
die Schuppenflecken von Karmin
umrissen nur noch einen schwachen Kreis.

Jetzt greife, Brand!
Verzehrendes Erwachen,
daß sichtbar wird das unverzehrte Schwirren:

Mich kann nur noch ein Licht entwirren,
das Menschen nicht entfachen
und das von einem Schutz nichts weiß.

Ihr Krähen, hütet uns das stille Feuer,
hütet Jahr und Tag, die Spinnenweben,
wo längst die Spinne fort ist, das Verschweben
der Sträucher, der erinnerten Gemäuer,

wo blank die Bänke stehen ohne Tisch.
Ihr Krähen reicht, in Kreisen, weiter,
was ihr empfangen habt, was nie verlischt,
in Schwärmen, Schwingen, euer Sakrament:

die Krähe, tot, die Krähe, immer weiter,
das Krähenvolk, das schwarz am Himmel brennt.

Es gibt hier Lichter nur – und nie das Licht?
Es fallen Blättern nur – und nie geht Wind?

Ihr Krähen, die der Nachtfrost näher bringt,
hackt Löcher, daß der harte Boden bricht.

Ein Tag ist dir erlassen
und eine Nacht, zu fassen
den Tag und seine Nacht,
die deiner harrt und wacht.

Der Tag ist eine Gnade,
dein Gang und deine Frage,
Narkotikum und Fall,
ein langer Widerhall.

Der Gott hat eine schnelle Hand,
ist stets vergangen und verschwand,
und steht vor dir, so nah:

Er wendet dich, daß du stets heimwärts gehst.
Das Licht, wohin du dich bewegst,
ist ausgeruht und klar.

Als ob sich alle Berge meerwärts neigten
    wie Halme in der Sonne, war es Zeit?
    Daß sich die Dinge immer klarer zeigten?

Nur ein paar Fremde ahnten, was noch bleibt.
    Sie zogen fort von allem, was sie kannten,
    sie wurden Zeugen ihrer eignen Schwere

und folgten ihrem Hunger und der Leere,
die wie ein Stern in klaren Nächten brannte.

Du Gründer aller Stern, die Störche
am Himmel, Flügelschläge, was geschah
und was verging, und bei sich blieb im Schwinden,

sie ziehen fort, und alles zu verwinden,
gibt es die Route, die sie immer führt,
ist Sternenlicht so klar und ungerührt.

Du, wie Laub, das dunkler steht, wie Lorbeer,
  wie Stamm und Brand und Asche,
  wonach die Vögel haschen,

wie langes Ruhen. Wer
  kann dich erinnern, wer vergessen?
  Du zu sagen, ist es nicht vermessen?

Du, wie schwelendes Gesträuch am Weg,
  wie Staubwind, du, wie Schweigen,
  dem sich die schnellen Tage neigen,

du erster, nie benannt, wie Laub ...
  Ich weiß nicht: Hab ich je an dich geglaubt?
  Es war vergebens, denn du pochst in mir,

du schwelst, und was ich auch verlier,
du atmest, brennst an meinem Weg.

Der Gott, den es nicht gibt, in mir ein dunkler Riß,
ist meiner Seele nah, sooft ich ihn vermiß.

III

Wegwarten

Unter Null

»Ein Ding, das von Gott bestimmt ist, etwas zu wirken, kann nicht sich selbst zu einem nichtbestimmten machen.« Baruch Spinoza, Ethik, Siebenundzwanzigster Lehrsatz

Viele Verhärtungen, Frost, wie Glas zersplittern die Pfützen,
hohl verfestigter Harsch am Weg, ob ich stapfe und denke,
ob ich blinzle und schärfe das Auge, gleich ist's dem Gott, dem
klaren Kristall, der kreisend auf einer Spitze verharrte,
allseits derselbe. Ein Schatten dann, mit den hungernden Füchsen
zog er hierhin und dorthin, verschwand über Dämme und Brachland
(jammervoll, ach, diese haarlosen Bäuche, kriechen auf Gleisen,
um die Gerade nicht zu verlieren, verheißene Richtung –
irgendwo muß es ja hingehen, wo der bißfeste Stahl sich
auswächst, sie hetzen einander weiter, sie bellen die Nacht an …).
Wir aber warten auf den Sternenaufgang, die Heimkehr
funkelnder Wörter, wie Linsen, Namen, die Augenlicht klären.
Gleichmaß, mein Atem meint Geometrie, ein räumliches Gutes:
Innen ist Blutkreis und außen der Frost, die Starrform der Dinge.
Niemals weiß ich verläßlich, was trägt oder nicht, die Berechnung
sagt nur, daß winters die Gottheit zittert in allen Gesteinen.

Durch den Tunnel

Schon der erste Schritt auf Rolltreppengrund, wenn die dichten
Stahlrippen paßgenau sich heben, gemächlich zur Schräge,
läßt die eigenen Glieder, im Einklang mit der Maschine,
laufen und schlafen, und eine stille Bewegung, die meiner
nicht bedarf, verbirgt mich tiefer im Schein einer Richtung.
Nichts soll geschehen. Solange niemand je in dieselbe
Strömung stieg, war die innere Zeit ein verläßliches Maßwerk –
das ich vermisse, ich folge vor großen Tafeln am Bahnsteig
immer dem gleichen Vorgang (… Stadien einer Erlösung:
Leid – wegsackende Körper vor einer sauberen Mauer,
Denken des Leides – Träger wimmeln, versammelt zur Nachricht,
Lassen des Leides – ein Sprecherkopf ruht, die Bilder verschwimmen:
Schein, nur die Hülle der Wahrheit, rührt uns …). Blicke verharren
selbstlos, zuckende Allgegenwart von Reflexen und Echos:
Wenige Menschen sind kenntlich, Pupillen zwar, Nacken und Kabel,
aber ich sehe kaum ein Gesicht, das weiter zurückreicht
als die Sekunden seit dem letzten Vibrieren im Erdreich.
Ruft es auch mich, das anfangslose Brummen der Wagen?
Schwebend aus der Tiefe, als ein Gott ohne Schöpfung?

Zwischen den Scheiben (wie ein verstümmelter Baum ohne Zweige,
Kettensägenskelett, nur zwei Arme, gerade noch Leben
unter der Rinde, und verzweifelt öffnet er Poren
morgens dem Tau, dem Regen …) stehe ich ohne Gefühle.
Andere stehen, die Reihen sind fest und vom Nachstrom verdichtet.

Engel wissen am Tage oft nicht, ob sie Lebenden oder
Toten begegnen … Staugesteuert, die Türen verriegelt …
Einbaum, überwacht, die prähistorische Horde
mordete Ahnen und sühnt nun die Schuld durch Opfer um Opfer.

Heute ist alles ruhig, man döst oder checkt seine E-Mails.
Niemand gehört hierher, und niemand ist hier ein Fremder.

Draußen ist alles weiß, in verstörender Stille, ein blindes
Wirbeln ... Flocken auf Buntglas, impressionistische Tupfer,
matte Ampeln. Doch treibt der Schnee nach trockener Frostnacht
leicht über Straßen hinweg wie ein fahriger Blick in die Ferne:

> So zeigt sich rasch, daß seine Sanftheit nichts
> als Täuschung ist – verpulvert eine Nacht,
> verpulvert Ziele, die ich lang gedacht,
> verdeckt die Zäune, Rohre, Leichtgewicht
> des Schnees: Er fällt von innen in die Augen?
> Das ist der Irrweg: innen, dieses Wehen,
> getrieben wie der Mond, wie Zirren gehen ...
> Der Schnee nimmt jede Form an, die wir glauben.

Langsamer lief ich, wußte, die Tochter würde mich fragen:
»Hast du mir etwas mitgebracht?« Ich suchte im Gehen.
Schwarzblaue Elsterfeder – irrendes Schiffchen im Eis. An
einer Baustellenzufahrt ein Brocken Gips, der noch wärmte ...

> Wie eine Welle, weißer Schaum,
> verständigt mit dem Winter (so wie Stare
> auf fest bestimmten Routen fliehen), Grate,
> ganz ohne Zweck und Ausdruck, kaum
> gegossen in die Welt und schon vergessen.
> Wie Götter uns entfielen? Die Gestalt
> ist eben erst geworden und doch alt
> wie eine Totenmaske: Abbild wessen?

In der Vorstadt

Für Bernd Franke

Am Wegrand, die Plejaden tauchen ins Gehölz.
Kein wirkliches Dunkel; die Stadt ist zu nah, der Kreis
derer, die sich bewegen.

Ein Nachtzug schneidet sich in das Gehör wie Glas.
Die Stille des Efeus ist lang ersehnt. Wo ein Wald war –
inzwischen ist es eine Brache.

Folge dem großen Schlangenrohr, der Ummantelung
lichtloser Ströme von Gas, dann über die Rampe
zum Fuchsgehege!

In einem Wartehäuschen hatten wir Unterschlupf,
schauten ungeduldig ins Dunkel. Nah lag ein Stadion,
die Ränge leer.

Daß jemand eine Geschichte sagen könnte, sich Zeuge
nennte, daß Hagel liegenbliebe auf der blanken
Plane der Erinnerungen,

daß auch dies alles für vorläufig erklärt sei … Am Ende
meines Weges, am Anfang eines weiteren. Einen Gott
zu haschen sei ohne

Gewinn; doch Gnade. Einziges,
was niemandem gehört noch zu Diensten steht.

Bei der Seherin

Winzige braune Augen, als huschten erschrockene Käfer
plötzlich im Hellen über abgebrochene Borke;
niemanden kannte sie mehr mit Namen, begrüßte mich höflich,
klärte mich auf, daß die Teeschalen nicht nur Lebenden dienen:
»Schwestern schlürfen, den Welsen der Elbe zwei schweigsame Wesen ...«
Husch, ein Mohnblatt, in den Schoß geweht aus den Büchern:

> Erst im Verblassen, in der Nähe
> zum Staub, gepreßt vielleicht seit achtzig Jahren
> und nunmehr ohne Farbe und Geschichte,
> als kehrte sich die Zeit in sich, so blüht's:
> ein graues Blühen. Strahlender? Das wahre
> Erscheinen grellen Mohns geschähe
> nicht eines Tags, das Blattskelett erglüht
> als heimatsuchendes, als Irrgelichter.

»Vater kam heim, nur Knochen, in einem blaugrauen Anzug.
Umerzogen in Buchenwald.« Die Sätze wie Höhlen,
ausgeschürfter Staub vor Fugen von Sandstein ... Instinkte?
Ihre Gelege darin, Erinnerungen, verkapselt?
Gar nicht Worte, sondern eine Zähmung von Schmerzen:
»Zog mit dem Leiterwagen nachts zum verunglückten Lastzug,
Kohlen lagen herum, so glänzende Brocken wie Steingut ...«

Leichthin löst sie das Haar, dann ein seidenes Schaltuch vom schmalen
Hals, wie in grauem Gewölk, sie hebt das Kinn, eine feine
Linie, verworren, zuckt vom Kehlkopf zum Ohr, und sie flüstert:
»Meine Narbe.« Mehr nicht. Ihre Finger spinnen im Schräglicht
Fäden um mich zu einer stummen Erzählung von Schatten,
Schrift auf Haut und Wänden – Sinn, doch ohne die Sprache.

Singt vor sich hin, so wie Vögel, ohne auf Menschen zu achten,
früh, noch eingeschlossen ins Dunkel, sich ängstlich behaupten;
Laute, Gewißheiten hallen in ihr, wie im Schacht eines Brunnens
dunstgedämpft, aus dem Summen brechen bald einzelne Wörter
(»Zwillinge«, irgendein »Krater« und »damals, die brennende
                                        Strömung ...«),
bald ein Schweigen, als ob sich aus dunkel zischendem Atem
Blasen älterer Wirklichkeit formten – sie teilen sich, schweben,
Möbel und Glieder scheinen zu schwingen über der Tiefe:
Grotte oder ein Keller? Stuhl der Greisin – ein Dreifuß?
Hastig sucht sie in einem Schubfach, sie findet ein Foto,
faßt es wie feines Glas, als sei es ein hauchdünner Spiegel,
weiß nicht mehr weiter ... Ist sie das dort? Verjüngt und vergessen?

... wo diese Stadt war, die Gedächtnisbrocken,
die angeschwemmt verklebten, zäh geronnen
wie Öl auf einer Leinwand, blieb sie hocken
sah einen braunen Fluß, wo Strudel schäumten,
als hätte sie den Ausblick erst gewonnen:
ein Baggergriff, der Sandsteinhäuser räumte.
Hier lernten Kinder, Gründen zu mißtrauen,
wo blinde Bomben lagen in den Auen ...

»Immer fragen Sie nur nach gestern! Aber da vorn ist ...«
Weiter kam sie nicht, denn die Unruhe trieb sie ans Fenster.
Wieder am Tisch war ihr alles zuvor entfallen, sie sah mich
lange an ... wie aus Insektenaugen, so fern, und
dieser ihr Blick, der nichts verstand, für Sekunden nicht einmal,
was ein Gesicht sei, durchdrang mich, als würde in völliger Leere
Gott den Menschen erfinden, ein erster, noch vager Gedanke:
Niemand könnte ihn fassen, so groß und ganz unglaublich.

Die Geschichte von der Pharaonenkatze und dem Krokodil

Pharaonenkatze (Herpestes ichneumon):
Granit mit Krallen liegt in der Sonne,
im Schlamm versteckt. Versteinerter Hunger,
man nennt das: Ichneumon ...
zu dem ich werde, wieder, wenn ich in den Rachen
des Reptils schnelle, wenn ich zucke und beiße,
seine Leber zerreiße, zur Katze erwache.

Krokodil:
Schuppengerangel, gähnender Ungrund,
sobald ich plötzlich von mir weiß,
schon wieder schläfrig werde und die lächerliche
Tarnung der Dinge sehe: Katzenstein,
der sich den Schwanz über die Schnauze legt.
Nahrung ist, was ich nicht bin
und lebt, hervorgehungert aus dem Nichts.

Pharaonenkatze (Herpestes ichneumon):
Nun öffnet's weit die Kiefer, und gleich fühlt's in sich
den Schmerz, den unsichtbaren Fremden wie ein Licht
in seinen Eingeweiden, windet sich und schreit ...

Krokodil:
Was sterben soll, kommt ganz von selbst in mich.
Wenn ich erst müde bin und Sättigung erwarte,
ist es bereit und springt ...
(Es gähnt.)

Breitenau (Osterzgebirge)

»Tröste dich! Du würdest mich nicht suchen, wenn du mich nicht gefunden hättest.«
Pascal

Wo ich herkam, weiß ich nicht sicher zu sagen. Die Wege
tragen keine Namen. Die Häuser, wohin sie mich führen
über Reste von Schneefeldern, stehen wie Falken im Ostwind.
Nebel aus dem böhmischen Becken geboren, im Reifglanz,
letztes Dorf vor der Grenze, die Felsen sinken wie schlafend,
breitstirnig, kalt, sie tranken aus der sächsischen Lethe.
Eingedunkelt die Augen, Schläfen wie weiß überschimmelt:
Daß ich *mich* erinnere, wer mag das behaupten?
Eulen hausen im Kirchturm, sie hocken sich nachts auf die Zeiger:
So wird es später hell, erwachen zögernd die Ginster,
wippen im Harsch. Der Hund fällt zurück, ein beharrliches Echo
geht über Moos, Geröll, das dumpf und beständig sich gleich bleibt.
Gestern noch wußte ich, woran ich glaubte – an die Gebilde
warmer Lippen, Hauch und Laut; und die letzten Gehöfte
unter dem Sattel öffnen die Tore: So laß ich mich treiben,
hier und da noch ein Fetzen Landschaft, ein schlappendes Windrad.
Was ich vergaß, das findet mich wieder, wie eine Spieglung,
klarer jedoch und gehüllt in ein milderes Licht von den Bergen.

Stille

Weder Stillstand noch Bewegung: der Strom nah am Stadtkern,
Spuren beschildert ALLE RICHTUNGEN, hat kein Gefälle,
trägt ihn doch nicht die Zeit, wie Schatten dem Sonnenstand folgen;
keines dieser Gefährte steuert beständig ein Ziel an,
sondern den Vorsprung suchen sie, die schnellere Wendung,
klaffende Lücken zu dem, was war und was galt, noch im Kriechgang.
Leuchtende Fühler, Stahlampullen – innen verharrt es:
Nichts als Kokons, aus diesen Gespinsten schlüpft es erst später,
immer später; es wächst zum *ewigen Jetzt* die Entfernung,
die mit dem Blick immer weiter wandert, bis an den Waldrand.

Jene auch, die in die Straßenbahn stiegen, sind es dieselben,
die sie verlassen? Über die Stufen gleiten auf Inseln?
Plötzlich, im mühsamen Nirgends, strahlt, auf poliertem Granit, die
tausendstellige Rechnung, Zahlwesen, körperlos rinnend.

Einsam, jäh, als eine blitzende Stille mich einschließt …
Nichts mehr berührt mich, gedämpft aus einem nebligen Innern
höre von fern ich, was ich denke, und fühle, verstehe
nichts, ein weißer Krokus im Glas, eine zuckende Quappe,
schrumpfe auf etwas zu, ein Lichtschacht, ein Sirren, das in mir
nicht noch außen ist und gleißt und grell sich verdichtet,
klarer, allseits … Schau! Und das ist nicht zu ertragen:
Was kann erlösen von diesem todesverfallenen Dasein?
Still ist's, und die vollendete Fügung, alles in allem.

Suchte Namen, später; vorhanden, doch ohne Gedächtnis,
schaute ich auf ein Wasser … spiegelnde Lache, wo bin ich?
Regte sich etwas unter der Fläche? Ich fischte nach Festem …

… und griff es mit der Hand, sie drang hindurch.
Sie fühlte nichts. Doch daß da etwas war,
mehr als ein Nachbild, das ich in mir sah,
war zweifellos – im Grabenriß ein Lurch?
Ein Laich? Ein Licht? Von mir noch nicht geschieden?
Ein Stich? Ein Schmerz? Es hatte keinen Sinn.
Es blieb mir kein Verlust und kein Gewinn,
nur Fremde, fast ein ungewohnter Frieden.

Anderswo, als ich – sicher schon – fortging: ein einzelner Busch, der
an der Straße stand im Schotter und groß eine Knospe …
Anschrift … konnte ich da schon sagen, im Rücken die Stille,
immer noch, wie eine letzte Stille, doch zeigten sich Wörter …

Wie Zittern angeschmiegten Fells
im Morgenschimmer, Tauglanz auf dem Laub –
die Knospe ist nichts Einzelnes, ist Staub
und Brachland, dichter Strauch, und wenn es hell
geworden, drängt die Böschung sanft herauf
in ihre Nähe, ruht das blanke Gleis
bei ihr im Licht. Nur weil sie davon weiß,
beginnen Räder, Stimmen ihren Lauf.

Im Turmzimmer

Hatte es nicht geheißen: Seide und Blei?
Nämlich das Schwere zu fühlen und die genaue
Richtung zur Mitte? Hier ist kein Schatten
zum Körper, genau senkrecht fällt das Licht
auf einen Ort, der nach keinem Betrachter verlangt.

Auge, sagte man, Kammer: *Wohin denn ich?*
Nicht daß ich sehe, ist das Geheimnis,
sondern daß sich mir zeigt, was will,
der stockende Fluß und die Schwäne. Aber
wollen sie? Oder stehen sie *gegen* das Licht?

Worauf lohnte zu warten? Stille. Dabei hatte ich doch
längst aufgegeben, ein *Ganzes* zu suchen,
aber Einklang war immer, und ich hörte allerorten
Resonanz, gar im Dielenknarren,
als ich ging, und Gehen, dieser halbbewußte
Zustand ist zwar endgültig, aber kein Ende.

Die Mücken

Kaum wird es wärmer, wimmeln abends in tiefen Gewölken
Mücken durch die Stadt, verdichteter Dunst, ihre Körper,
feingliedrig, seelenzart, verfolgen jeglichen Pulsschlag,
sitzen auf Schläfen, sie schleichen sich in Ohrmuscheln, fliehen
kurz nur auf, wenn ein Handschlag sie jagt, zu wischen im Vagen.

Zuckende Stöckchen in Pfützen erwarten ein höheres Dasein.
Milde Kanäle und Gräben, Lachen, die sumpfigen Auen,
Poren der Stadt, ihre Schächte lassen ins kommende Sirren
wachsen, was war, noch die Toten. Stimmen im Park, wenn
                                                es dunkelt:
»Besser wär's, Gift zu versprühen, die Städte zu säubern, die Lüfte!«
»Groß wie Bremsen werden sie wachsen, fressen an Pennern ...«

Flüchtig, wie Kurse an Börsen, Bewegungen blindlings hinab und
auf zu Laternen, folgen sie nur ihrer Menge und tanzen,
Wellen im Äther, im lauen Nachtwind verwirbeln die Schwärme.
»Bastarde, kommen aus Rußland, paaren sich hier mit den Zecken!
Können noch Frost überleben in Kapseln und jahrelang warten.«
»Aus dem Mund und den Ohren sah ich sie steigen, ein Säugling
lag und weinte, sie hatten Gelege in ihm, wie in Höhlen.«

Zwischen verdorrten Stauden, Königskerzen vom Vorjahr,
schuppigen Strünken und jungem Efeu, gewunden um Rohre ...
» ... Sicher, da ist eine Sprache, dauernd, so fern sie uns sind, die
summenden Kreaturen, sie tönen von uns, zueinander ...«
»Blutspur und Abdruck hauchdünner Flügel – mag sein, daß ein
                                                Windzug
durch die Chitinpanzer bläst und sie leert, du zerdrückst nur
                                                Gehäuse.«

»Für die Kanäle und Schleusen. Von Zweiflüglern sind diese Verse:
Wie der heilige Franz nicht mehr schied, was Tier sei, was Mensch.

Feines Sirren wie von Mücken,
leise, seine Zunge surrt,
lauscht er, wie es girrt und gurrt,
Silben wollen ihm nicht glücken,

schluckt er ... Krallen ohne Halt,
im Holunder dunkles Knarren,
dieses uferlose Scharren
holt den Atem aus dem Wald.

Lange wächst um ihn die Stille,
neben ihm die hohle Birke
wippt, mag ein Geräusch bewirken:

dumpf – das ist der Gott, der Stamm,
ist der Wind und ist der Schlamm,
ist ein Aufflug ohne Willen.«

Sinkende Sonne, die Schwärme tanzen wirr und beharrlich,
reine Gedanken, zufällig wie eine »beste der Welten«,
immer bedürftig nach fremdem Blut. Das Hiesige faßt sie
niemals, sie schwinden und steigen, Flugbahnen ohne Gewißheit.
Frühling ist ein flüchtiges Wort, und ich hör's mit den Mücken.

»Und er trat in das Gefilde und begann den Vögeln zu predigen, die sich ringsum auf-
hielten. Und sofort flogen sie von den Bäumen hernieder, sammelten sich um ihn und
saßen unbeweglich, bis Sankt Franziskus seine Predigt beendet hatte. Auch dann flogen
sie nicht von dannen, sondern warteten, bis er ihnen seinen Segen gegeben hatte.«
Aus den »Fioretti«.

Zwei

Sorgsam zu setzen die Verse und ausgewogen, als hinge
Leben am Maß, als schritten zwei an der Straße und schwiegen,
zwei an zerbeulten Leitplanken, leuchtenden Hallen im Ödland,
zwischen dröhnenden Motorsicheln gingen die zwei an
Lagern vorbei, an Bauzähnen, Gräben, Containern, die stündlich,
noch auf der Fahrt, den Besitzer wechseln im Tausch mit der Zukunft,
Lämmer auf Lastern, grad überlebend, zu drücken den Fleischpreis,
wollige Körper wie alter Schnee, der taut an den Gittern.
Zwei ohne Ausblick, rastlos, mit einem Riß im Gedächtnis:

> *Agnus dei*, das Tier, an den Läufen gebunden,
> und der Wind bewegt leise das flaumige Fell,
> zitternde Nüstern, es bäumt sich auf, schlägt
> mit dem Rücken aufs Stahlblech, die Hufe
> gegen den Himmel gestreckt, bis die Blicke
> langsam zurücktauchen in die glasige Demut
> jenseits des Schmerzes, wo niemand mehr ist,
> der Sterblichkeit kennt, leicht, immer leichter,
> und lebt, hofft ohne Hoffnung, atmet und

Zwei, mit leichtem Gepäck, sie schritten in rhythmischer Setzung
(Wanderarbeiter wohl, verloren in flatternden Echos
zweier Kettensägen im Fichtenstand oder im Schlachthof),
Fuß vor Fuß, und langsamer manchmal, fast ängstlich, dann eilend,
immer den Blick zu Boden: »Hast du gesehen? In Bagger-
spuren, im Aushub, dort bei den ausgegrabenen Wurzeln?
Weißes Myzel?« »Gesehen? Gehört hab ich's, dieses Geflüster ...«

> »Ich suche mir ein Inneres und Gründe –
> mein Erdreich, Mutterkuchen, der mich kennt,

der mich umschließt, sich niemals von mir trennt,
mein Bett und Spiegel … Stumm entwinde
ich mich dem Zweck, zu dem ein Baum mich zwingt,

und wachse heillos tiefer, als er weiß
und folgen kann, wo sich mein Leib verzweigt
zu Fingern, Fasern, Haaren, Hauch, Instinkt …«

Weiße Initialen – ein Strahlen, ein Scheinwerferkegel
fällt darauf, und Worte erscheinen wie »Schwämmchen« und »Röhrling«.
Halden erkunden die zwei, doch hin und her durchs verrauschte
Straßennetz verfolgen die beiden, so scheint's, eine Richtung –
Atem bindet heran, was sie suchen, sie rief aus dem Zwielicht:
»Hörst du? Das Vogeljunge …« »Wieder einer der Unsren!«

Umkrallt, der Zweig, ein dürrer Halt im Dämmern,
fällt mit dem regenschweren Ast,
die Borke, ausgehöhlt, wird schnell erfaßt
von einer Strömung, grelle Strudel hämmern.
Ein kurzer Schrei: »Wer bin ich? Wer verfliegt?
Wer stürzt sich in die Leere? Ohne sich
zu kennen?« Bei dem Bachlauf bricht
ein Dunkel auf, das fordernd vor ihm liegt.

Später, im Licht der Laternen, folgte den beiden ein Schatten
durch die Gassen, leer gefegt, als hätten Sirenen
Menschen in ihre Häuser getrieben, als nahte ein Frontlauf.
Schatten, er folgte, klarer als jemals ein Schatten im Dämmern,
zweien, die schweigend weitergingen, bis an die Kehre …

»Als aber Jesus auferstanden war früh am ersten Tag der Woche, erschien er zuerst
Maria von Magdala, von der er sieben böse Geister ausgetrieben hatte … Danach
offenbarte er sich in anderer Gestalt zweien von ihnen unterwegs, als sie übers Land
gingen.« Markus 16,9.12

Der Holzweg

Knarrender Schlag der Äste, folgend knarrendem Schlagen:
Jeher verwandelt der Augenblick alles, was vor ihm gewesen.
Schritte im Laub, wenn mich das Brechen der Zweige am Boden
schmerzt, dann (sagt der verwitterte Wegweiser) sei für mich Heilung.
Wieder und wieder tritt mir, huscht ein Reh ins Gedächtnis,
heute hängt es hoch im Signalzaun, wo es mir leuchtet,
feiner Dunst und Erklärungsversuch eines Schusses: Wem gleicht es?
Stille im Atem, alle Vögel sind stumm, sind verflogen.
Nichts zu suchen steht mir der Sinn, nur ein wenig zu spüren,
was zurückbleibt, den Samtflaum der Namen über den Pflanzen.
Wo der Trampelpfad endet – in einer Schonung von Fichten,
zahllosen Stämmchen, Farnen dazwischen und blühenden Gräsern –,
klärt sich die Richtung: Dickicht; zu weit schon bin ich gegangen,
als daß ich umkehren könnte, und weiter trägt mich der Sommer.

Am Elstergraben

Zeitige Hitze, der üppige Flieder und Blüten des Maistrauchs,
Akeleien, wie dicker Samt die Pfingstrosen, stadtwärts
wirkt es wie eine Plakatierung, Werbung der Pflanzen
für einen Filmstart; im Park an den Kanälen jedoch ist's
wilder: Sommer wie Whisky, scharf und betäubend, hier hetzen
Hunde durchs Altholz, gierige Pärchen, und überall singen
Rasenmäher und Steinschneider in den staubigen Gärten.
Licht benennt die Dinge: am Wehr die Schaumkronen, Röhricht,
Menschen in ihrer Vollkommenheit, da sie wie Pollenflug
                                        scheinen,
ziellos erfüllt von Zeit, zwischen Bienen und sirrenden Rädern.
Fülle, so dicht wie ein schwarzes Quadrat, bettet den Säugling
auf dem Asphalt, wie er kriecht zu dem Feuerkäfer, ihn faßt und
stumm zerdrückt: Ist es süß, was ihm die Mutter schnell
                                        fortwischt?
Waldreben blühen, teils wirklich, teils im Dösen und Träumen:
Heut ist der Tag, der einzige, vor dem Wettersturz morgen …
Schmetterlinge erheben sich von den Wiesen, wie Finger
leicht einen Bildschirm berühren, Gesichter ins Leere verfließen.
Geht ein Weben, ein Schauen, das eines mit allem verbindet?
Anblick, woher er auch rühre, verwandelt, wendet die Augen.

Die Schwärmer

Wehrlos nachts, wenn die Augen nichts erkennen von außen,
Atemgeräusche und das Vibrieren des Hauses am Bahndamm,
deine Hand gerät im Schlaf zu mir, die Berührung,
unwissend, findet mich wie ein Star seine Route nach Norden.

Schwebefliege, sie liegt in der Luft, so zittere ich im
Zwischenreich der Träume, ein unvollendeter Körper:

Noch hat niemand von der Geburt des Messias erfahren.
Noch ist unbekannt, wer je deportiert, wer verschont wird.
Noch weiß niemand von Starkstrom, nur von Glut und Gewitter.
Diagnosen? Keine. In Höhlen fragt niemand nach Schatten.
Keine Endstationen, Gleise, nirgends ein Ausgang.

Morgen schon will ich, soll, zu ergründen versuchen, warum die
Schwärmer massenhaft aus den Auen treiben wie Flocken,
sind sie doch schuldlos und haben allen Sinn im Instinkt ... Sie
decken den Garten wie frischer Schnee, ihre Ohnmacht
verfolgt mich ...

    Ein Flügelflimmern, viele hundert Farben,
    ein Denken in Begriffen wie aus Staub
    und Mimikry ... Der Falterschwarm beraubt
    sich selbst durch seine Unzahl. Starben

    hier Tiere oder Träume eines Tieres?
    Ein Augenpaar verbleibt auf einem Blatt,
    es schaut dem Abend auf den Grund, es hat
    längst kein Gedächtnis mehr. Sein Bild verliert es.

Ich weiß von nichts, bin eben erst erwacht.
Fliegt eine Blüte auf? Versinkt ein Baum?
Wird Schrift um ihre Sichtbarkeit gebracht,

indem sie in Pupillen dringt und fragt:
Was ist das dunkle Wort in diesem Raum?
Wer folgt wem nach? Ist Echo, wem gesagt?

Wie du stöhnst neben mir, gehörst du der sichtbaren Welt nicht
wirklich an, deine Lippen bringen dichtere Räume,
Ganzes, zu meiner Flickengestalt, die brennende Haut, die
nächtliche Gier, und Angst, und was sonst mir die Sprache verschlägt, Er-
innern, da schläfst du, und Schwärmer kommen, uns zu verbergen:
Letztlich versucht mein Körper dich, wie ein Blatt oder Aufwind,
nachzubilden … wie du mich liebtest, so sei ich dann sicher.

Neuseenland

Sanddornhecken und Weiden, die jugendlichen Gewächse,
Kiefern, Farn, die Ufer, eben noch Halden, sind schüchtern.
Schotter, Kiese, sie haben keine bestimmte Erscheinung,
kein Gedächtnis; ob sie Knochen, ob Asche, ob Kohle
decken mit ihrem Lächeln, im Sonnenlicht ist es belanglos.

Stähle griffen ins Abbruchgebiet:
»... der Schlamm, das Becken,
die Balken, die Brocken,
Fossilien, die Hecken,
wo Erdkröten hocken ...«

Sicher vergangen ist's, die Späteren schwimmen im Mondlicht,
wenn die Nattern ins Wasser gleiten und jagen nach Molchen.
Seen decken die ausgebaggerten Löcher, das Ödland.
Umgesiedelte Dörfer, Gehöfte über den Flözen
schwanden wie Asche im Sommerregen, die Gruben verschlangen
Schaumkraut und Kirchturm in eins, in den Eingeweiden des Tieflands
pulst ein Leerschmerz, unheilbar, so wie das Fehlen der Juden:
Nichts besteht verläßlich *nachher*, selbst auf den Tafeln
Nach-, die Namen ... Gespiegelt ist, was ich sehe, verfliegt, und
ohne Erbe, deutungslos, liege ich halb noch im Wasser.

Dünne Stämmchen der Föhren an Hängen, Baumuniformen
aufmarschiert, wo Maschinen Samen legten in Abraum,
wächst es wie Wald ... ein Nachhall von Wald, geschulte Rekruten.
Langsam steigen die Pegel, das Ufer wird teuer verhökert.
Kohle am Himmel, die Krähen kennen versunkene Äcker,
kreisen durch Tage und Träume, sie kreischen wie Möwen an Stränden,
sinken wie Rußspuren nieder. Die Graugänse rasten hier nicht, als

sei das Land nicht verläßlich, ein Hafen täuscht überblendend
Farbigkeit vor, wo das Schilf verhungert im plätschernden Präsens ...

Kaum zu sehen zwischen den Steinen, schlängeln sich Würmer,
Wellen treiben sie haltlos hin und her, und wir schweigen:

> Der Rauchquarz ist ihr Ort? Gestreifte Wesen
> im engsten Radius ihrer selbst, der Möglichkeit
> zu fressen? Eins mit Algen und der Zeit,
> die sie aus Tausenden herausgelesen,
> damit sie überlebten, später starben,
> befristet im Gewimmel? Stille Tage
> zu bleiben ohne Flucht und ohne Frage?
> Wie alles hier erscheinen sie wie Narben ...

Über den See zog ein Schatten, wir sahen aus einem Graben
zwischen dunkelnden Eschen, wie sich ein Bootsleib entfernte.
Säcke lagen darauf, Gewebe, wie Spinnen sie bilden.
Was sie enthalten, will niemand wissen. Der Nebel bewahrt uns:
Beinahe ohne Antlitz, nur die Zähne bezeugen
uns, die Ruhenden, nebeneinander, die früheren Kinder.

Angelus

Eines ist, in die Nacht zu rasen – ein anderes, schauen,
was die Nacht bewegt: eigener, maßloser Traum?
Eines ist, in die Ferne zu fallen mit klarem Blick,
doch das fließende Grenzgebiet, Wirklichkeit, wo ist's?

Ja, wache nur, atme – immerfort spiegelst du dich.
Arbeite, hoffe, und immer ist doch ein einzelnes Bild,
das dir fehlt, um verläßlich zu sein in dem Ganzen, dem Sog,
zu wirken und jahrlang zu sprechen und zu verstehen.

Plötzlich, opaker Block, die Fahrt in den Beton:
Woher denn sei ich? Undenkbares Enden,
unmögliches Bleiben. Die Ausfahrt ist nächtlich … wie ein Engel,
gleitendes Schweigen, wie Eulen am Waldrand glänzen:

Wieder fehlt ein Bild, aber nun ist es ein Übergang … Engel?
Kommt dir entgegen in anderer Richtung auf Geisterfahrt.
Wie ein Tier, eine Wurzel: Aufprall ohne Widerstand.
Ruhig durch dich hindurch geht die Gnade und findet Grund.

Deutschland liegt am Meer

Wie Watt, ein weicher Grund, und Echo, schweig ich nur.
Wie wunde Schollen, Lehm, als läge Land noch brach.
Ein Findling, ausgespült – hier treib ich fort und fort.

Den Toten mein Gedächtnis,
den Alten mein Vermächtnis,
und was ich tue, tut ein jeder auch.

Es ist mir Jahr um Jahr, aus Fernen, heimgekehrt,
wie eine Hand den Ton mit einem Bogen formt:
Das Land, wer glaubt es noch? Wer hofft noch, ist an Land?

Du bist mein Sohn! So dröhnt der Wald,
wo Buchen brachen in die Wellen.
Auf Ascheflözen, auf Asphalt
hör ich den Wind in Böen bellen.

Das Land – gelobter Stein, so glänzend naß vor mir,
ich heb ihn nicht. Er liegt in einer andern Zeit,
und die ihn fanden, sind in andrem Blut erstickt.

Betörend, sagt man, sei der Schwalbenschrei
am Meer. So still, mir stockt das Ohr:
Kein Laut kommt aus dem Dunst hervor.
Kein Land, kein Grund, wo Deutschland sei.

Strandgang

Mir fallen Dinge zu ... am Weg, den ich verlor,
sie kommen stumm ans Licht, sie geh'n ins Licht mir vor.

Hände im klammen Sand, im Tang, und über dem Bodden
frischt der Wind auf, ostwärts, bläst auf den Graten der Muscheln,
hierhin, dorthin teilt er die Töne, die Sprache der Möwen
weiß er und die ihrer Toten im Weidengeäst, wo sie warten.

Meine Hände irren im Schaum, im Schlick, in den Krusten
Salz und Flocken von Teer, ein schmieriges Fingern nach Funden,
Einzelnem, Formen von Feuer- und Bernstein und schillernden
                                                    Schnecken,
ständig die Blicke am Boden, verliert sich in Schotter das Eiland;
nehme ich, was ich will – ein Stückwerk, Reste nur sind es ...
Was ich je tat und dachte, es war nur ... ein Hungern und Stehlen?
Dingen fiel ich anheim, gedungen, entnommen zu hasten,
rastlos, ein Cursor zwischen Zeichen ... So setz ich am Ufer
Spuren, die sich mit Wasser füllen und glucksend vergehen.
Hoch an der Steilküste hängen Kiefern, die Wurzeln im weichen
Kalkgrund, um Brocken gekrallt. Die stürzten, schaukeln im Seegang:

    Hält sich noch ein einziger Gedanke?
    Halten Namen sich im Dämmern fest?
    Schwindel greift den Stamm zuletzt,
    wenn der Lehm bricht und die Schranke,
    daß der Höhenpfad ins Leere liefe ...
    Schuppenpfähle treiben in den Wellen.
    Ascheweiß die kahlen Stellen,
    wo die Föhren kippten in die Tiefe:
    Fielen in die ganze Fülle

ihres Wachsens, ihrer Zeit,
die sich wie Geäst verzweigt,
sich in *einst* und *jetzt* zu hüllen.

Jemand hat Schwemmholz, jemand trägt eine rostige Schiene,
jemand schleift hinter sich ein Kabel – nahende Wesen:
drei, bei den Buhnen ... Sie muß ich fragen, was ich hier suche,
wo ich herkam in die Fänge, die Schatten der Weiden,
wie ich heiße, hier im Schweigen der Dünen, im Dämmern.

Über die Stirnen der Kommenden huscht ein Feuer, und später
wie durch weiße Tücher – Tote, Wiedererweckte –
grünt Gehölz auf, Blättchen, pulst das Blut in den Bäumen.
Da will ich warten, sei's auch bis zum Einbruch des Dunkels,
daß sie mich fänden, und wenn sich alles verliert wie ein Flirren,
Steine, Stämme nur sichtbar blieben, fallende Sterne,
so will ich warten, und eins mit dem Nachtwind wäre mein Atem.

Aquarium

Frei sein? Schal erscheint's bei den Spieglungen, Schönheit der Wesen
hinter Glas in der Strömung, die ich versunken verfolge:
Kreise der Haie, Bahnen des Mondfischs und fliegende Rochen,
stark wie Gezeiten … Und sehe ich später zerbissene Flossen,
weiße, flockige Wunden, so tilgt sie ein matteres Leuchten,
überblendet die Leiber, treibt sie, betäubt, ins Vergessen …
Dort also sitze ich, wirke gewiß, bin bar aller Obhut,
Fische umkreisen mich, schnappen mein Augenlicht auf und
                                                verschwinden.
Rote Medusen fasern ins Wasser, in pulsender Stille
schweben Gewölbe, fliehen, wie flüssiges Glas ihre Körper,
fein geblasen ins Nichts – diese Schleier, sind sie nicht zeitlos?

    Ein Solitär und Segler, große Qualle,
    die Nesselfäden lang, in Majestät
    die hohle Form, um Kraft zu fassen:
    Beständigkeit gibt ihr ein Widerhallen,
    ein immer Gleiches, nie zu spät
    und nie zu früh, sich zu verlassen
    auf Seegang, den sie in sich spürt,
    der sie auf engstem Raum ins Weite führt.

Wer beharrte, gestoßen in Träume, auf äußeren Grenzen?
Bilder, mit nichts zu vergleichen, entbunden von Sinn und von
                                             Schwerkraft:
Sonnenstern, Mönchsfisch, Seepferdchen, Dornhecht und
                                   schwarze Muräne …
absolute Partikel, Monaden, fraglos vorhanden,
ohne Grund und Ziel im blauen, sich krümmenden Kosmos.
Seetulpen meditieren auf Schläuchen das Meer in den Becken:

»Gegrüßet seiest Du: Rauschen. Nichts,
was ich bin – Du in mir, geschaut
durch meinen Mund, geatmet und verdaut.
Hast Du ein Ufer? In mir? Als Verzicht?
Du strömst durch mich, und ich bin Haut,
Gefäß, Dein stummes Gleichgewicht?«

Lippen am Glas, als küßten Mensch und Fisch einen Spiegel –
innen friert es wohl, doch erwidern kann niemand das Glänzen.
Hier, ein Betrachter, und dort der Thun, dessen Auge mich meidet:
Schlafende, von der Natur im Stich gelassene Körper?
Namen auf Tafeln, und wie kein Benennen sei ohne Sehnsucht,
fallen die Blicke jäh ins Offene starrer Pupillen.

Nach der Seefahrt

Sturm, vor allem Verständnis, in kalten peitschenden Böen:
Atemnot leert das Bewußtsein. Hechelnd auf rostigem Stahlgrund,
kriecht da nach Deckung, mit Blut und abgeblättertem Lack an
Fingern und Lippen, entlang einer Schweißnaht, Platten vor Augen:
Wer? Ein Späterer. Rückstand in Worten, wie er berichtet ...

Jener entdeckt, hinter Glas, die Nichtigkeiten des Ausdrucks:
Namen für Felsen und Lichter, für Inseln vor schwankenden Küsten
ähneln den Lauten von Säuglingen, schönes Gelall für sich selbst. Die
Wellen sind grün oder weiß, sie schäumen, doch niemand hat
Antwort.

Ist es Mechanik? Lautlos schließt sich der Raum, eine Kapsel –
Zeit ist knapp bemessen im Innern, man sondert die Jungen.
Träume sind heftig, zucken zurück in die Ordnung der Erde,
wehen lang wie leuchtender Tang im Wasser. Verschwunden:
»Weißt du noch? Das Tagpfauenauge?« »Erinnern ist eitel.«
Wiegender Kopf auf dem Lager, und döst und entgleitet den andern:

Gegenwart auf Gegenwart und wieder
Lichter zweier Augen zwischen Zweigen –
früher nichts und später nichts, nur Schweigen
unter dem verwelkten Flieder.
Weiter reicht und weit zurück der Weg ...
Ist ein kommendes Gedenken?
Daß sich Flügel in die Schatten senken,
Abendwind das Laub bewegt?

Abgedichtete Luken, an Scheiben verströmen die Wogen.
Manche schreiben ihre Namen, versonnen, mit Lappen

auf das atemfeuchte Glas, darunter ein Datum.
»Was dir fehlt, hier kannst du es malen, Ikonostasen
für Minuten ...« Dahinter das Meer kennt keine Symbole.

Manchmal ein Glitzern im Schiffsschaum, ein Sirren, Gesänge
der Sprotten:

> »Das Alle-Herz, die Allangst zuckt, die Tiefe
> des Schwarmes, vieles Pulsen dringt
> uns durch den Leib, umschließt uns saugend:
> ein Schwindel, Schwimmen, so als ob wir schliefen,
> vom eignen Dasein heilten? Höher schwingt
> das Helle, wohin Tausende sich schrauben:
> Dort sind wir Laich, ist nach uns unser Ort,
> von dort nahm uns der schnelle Herzschlag fort.«

Lang ist die Reise, viel zu lang, um an Rückkehr zu denken.
Schon verlieren sich Unterschiede zwischen Geschöpfen,
fallen Gesichter in eins, und kaum jemand bleibt seiner sicher.
Schmiegsames Perlmutt hüllt uns ein, wir treiben beherzter
vorwärts durch Algenschlangen, Richtungen folgen wie Schatten.

Die Freifläche

Massenhaft Erinnerungen, die keiner mehr fortschafft:
Streng, die *damnatio memoriae* vollstreckte der Giersch, doch
läßt er verstreute Kunststoffe unschlüssig aus, und der Herbstwind
geht über leere Kanister, Schläuche ... Beschildete Asseln
huschen ins Innere öliger Städte, ummanteltes Kupfer.

Wälder, ihr treuen Dämonen,
nachts noch den Seelen geneigt,
Schatten, um uns zu schonen,
wenn keine Hausung mehr bleibt.

Wälder wollen vergessen. Im moosfaulen Dickicht verrottet,
was etwas galt im Sommer. Doch anders die Brachen, sie sammeln
Namen-, Haltloses, lassen das Schiffchen Wirklichkeit schaukeln
wie eine Wespe auf einem Knochen. Dort sitzen die Falter
starr, wie an Bruchholz genadelt, mit Signaturen versehen.
Dinge stehen Hand in Hand und schweigen und harren ...

Wälder, so hoch und so tief,
atmen, ohne zu wissen,
weil die letzte Stille sie rief
aus der Zeit und dem Gewissen.

Wirre Seelen, Federgeistchen tanzen im Dämmern,
Schwarzspanner summen, wandeln Blüten in giftige Beeren.
Eingefaltete Glieder, in Gespinsten die Schwärmer
warten lange, reglos, bis sich die Körper vollenden,
Adern sich strecken in ausgespannte rauchbraune Flügel.

Funkelndes Irrlicht, zu führen durchs Dunkel, schleicht eine Katze
mir voran, umkreist mich schnurrend, sie läßt sich nicht streicheln,
sucht mich, weist mir Pfade ... Wohin? Sie weiß von dem Dickicht
anderes ... was unter Grasnarben, unter den Wurzeln verborgen,
kellerscheu, ädrig liegt? Ganz deutlich: Sie ist nicht zu Hause,
auch nicht, wie ich, ein Passant. Sie klettert nicht nach den Nestern ...

Die Katze, zugelaufen wie ein Vers, sie hieß
»die große Form«, acht Kilo – ein Chassid
aus Schlesien? Seelenwandernd, offnes Lid
im Schlaf. Sie quält nicht, daß man sie verstieß,
die Seele schmerzt sie, denn sie weiß ja nicht ...
Wie soll sie weitergeben, was der Rabbi spricht?
Wie kann sie ruhen, wo sie niemals war?
Im Gras dort, neben Asche, ausgewürgtem Haar?

Gebet

Nun also spreche ich von einem ... nicht davon, doch ähnlich ...
Ort oder Zustand, welcher auf *Dich* zurückweist; ich weiß nicht
(heute, als ich den Pfahl, überwuchert mit Flechten, mir annahm),
was da sprach und was hörte, was innen war und was außen ...

   Das graut, harrt aus und wächst, bei Nässe
   erweicht, sonst hölzern, reißt
   es auf, im Mondlicht gleißt
   es kalt, ein Sog in unbekannte Blässe,
   ein Bersten durch die Nacht, und wich
   hinaus, und überwuchert Rohr
   und Stamm, und bricht wie Angst hervor,
   und zeigt sich steinern, zeitlos, ganz bei sich.

Wegwarten

Weiß einer Birke, es blendet und klärt, und sei es auch fiebrig,
schmächtiger Baum, dessen Welken die Fliesen am Bahnsteig verdoppeln:

> Beständiger die Borke als das Mark,
> verläßlicher das helle, abgeschälte
> Gewand als der vom eignen Wuchs gequälte,
> gekrümmte Stamm: Er war nie wirklich stark.
> Als wollte sie nur glauben, was ein Glanz
> des Äußeren, des Scheins war – was sie brach,
> war es der Wind, ein Fahrzeug? Nach und nach
> verstummt ihr Rauschen, kreist ein Blättertanz.

Aufgebrochen von Wurzeln wölbt sich Bitumen, die Warte
wächst in den Rissen, am Abbruch zum Gleisbett, ein fasriger Stengel.
(»... Blaue Äuglein, harrten des pilgernden Freundes, ergrauten ...«)
Blütenstände wirken im Dämmern wie glimmende Gläser,
während menschliche Finger noch späte Zeichen ertasten,
Wartende, und die Luft ist erfüllt von Gespinsten und Niesel ...

> Wie Kältefühler in den Abendstunden,
> wie Perlen aufgereiht, sensibles Netz,
> das Halme faßt und Tau und Wind zuletzt,
> von Spinnen in die Gräser eingewunden,
> zu schweben. Die Gewebe werden klar
> wie Formeln, gläsern: Fäden und ihr Ende,
> wie Zukunft sich zur Umkehr wendet?
> Als sei Gewißheit noch in dem, was war?

Hast du auch in der Nacht den Schrei gehört? In der Stille,
plötzlich, für sich, ein Gellen, zu keinen Geräuschen gehörig?

Ohne Ausweg und Herkunft? Die sirrenden Reifen, das Pochen schwerer Waggons ... sie waren ihm nicht verwandt, seinem Einschlag folgte nichts und ging nichts voraus, so außer der Ordnung ...

»Welches Leiden quält dich?« Der Frage an den gelähmten König Amfortas, qualvoll verwundet, den Hüter des Grals – niemand war ihr gewachsen. Denen im Unglück zu nahen, selten geschieht es, und keine Begabung, sondern ein Wunder ist es; so stehen die Warten still in der winzigen Brache.

Nichts führt mich weiter und nichts mehr zurück,
und was ich sehe, ist von Richtungen
wie überwuchert, nur ein schmales Stück
Asphalt ist denkbar, dann im Kies ein Kreis,
und folgenlos wird, was ich weiß,
ein Tanz von hellen Flecken, Lichtungen
aus Träumen? Tiefer neigen sich die Buchen,
als würden sie nach einem Menschen suchen.

Unerwartet die Bremsung, die Kinder springen von ihren
Rädern, zeigen ins Laub: »Eine Schlange!« »Vorsicht, sie dreht sich!«
Ameisen wimmeln in Wunden – ein unbeweintes Geschöpf, wir
stehen schweigend und schauen, mit Abscheu, hypnotischem Mitleid.
»Stirbt sie?« Die hilflose Frage der Jüngsten, und keiner gibt Antwort.

»Weiter? Wir wollten doch um den See, zum letzten Mal baden …«
Weiches, wirres Wippen des Rainfarns, ein Funkeln: … Seraph! Die
Natter bewegt sich, als sei sie geflügelt, Schwingen im Schräglicht
auf einer silbergefaßten Ikone … Zu Blut und Schuppen
kommen die Wespen, holen sich, was es gibt, und die grünen
Fliegen schnuppern, wie Skalen von Tönen ihr hektisches Summen,
Intervalle, geordnet um einen lautlosen Grundton:
Aas. Ob tot oder Brutstätte, Heimstatt von Larven? Was Zeiten
seien, gleitet in eins, als ob Früheres jetzt erst geschähe,
Kommendes schon vergangen sei, längst Vergangenes nahte –
kreisender Tanz von Insekten und Licht, und wir, nur wie Schatten,
schauen: Was auch geschehen mag, es schwebt und verliert sich.

Stumme Wesen, die sich nicht umwenden, nicht nach dem Silber,
nicht nach dem Tod oder Inglanz, die Abschied zu nehmen verstehen:

Sterben Tiere leichter, weil sie nichts wissen von morgen?
Weil sie, ganz gegenwärtig, jäh der Fremde begegnen,
offenem Werden, offenem Sterben, wie Bachläufe strömen?

> Ganz sind nur die vielen Scherben.
> Ganz ist, was ich lernte und vergaß.
> Warm geht ein Gesang im Gras:
> Jeder mag das Seine, welk, vererben.
> Mit dem Wasser treibe ich ins Weite,
> so als ging' ich fort und stünde still,
> wie sich eine Trübung setzen will,
> wie ein Wolkenschatten lang verweilte.

»Mit leeren Händen gehe ich dahin, und siehe, der Spaten ist in meinen Händen; / ich wandre zu Fuß und reite dabei auf dem Rücken eines Ochsen; / wenn ich über die Brücke schreite, / siehe, so fließt nicht das Wasser, sondern die Brücke.« Fudaishi

Im Wind

… wie Adern im trockenen Laub verbleiben,
wie Gott sich in einem Atem verliert,
der Atem treibt mich durch das Geviert
und trifft die bergenden Fensterscheiben.

Was sei mir Verlust und was hab ich empfangen?
Wohin die Gedanken nicht mehr gelangen,
da bin ich verarmt bis auf den Schein,
was ich entbehre, hüllt mich ein …

*»Völlige Armut hast du erreicht, wenn du dich nicht mehr entsinnen kannst, ob du
einem anderen etwas verdankst oder er in deiner Schuld steht, gerade so wie du alle
Dinge am letzten Tage deines Lebens wirst vergessen haben.« Johannes Tauler*

IV

Aus dem Bergwerk

Drei Sätze Martin Luthers

1

»Meine Mutter stäupte mich wegen einer einzigen Nuß bis aufs Blut.«

Ihm drückte Angst die Kehle zusammen,
daß er nicht schrie.

»Der Teufel ist in mir.
Eine Nuß.
Ich habe sie aufgeschlagen und die weißen Hälften gesehen,
sie rasch in den Mund gesteckt und zerkaut.«

Am Waldrand steht das Gras hoch
und schlägt ihm naß gegen die Beine.
Halme, gewachsen in einer anderen Welt,
in diese Sonne getragen und ergrünt,
verwandelt grün.
Er hört das Wasser singen
in der Erde, wie es aufsteigt im Schatten, ins Laub,
und schaut sich um:

»Wenn die Sonne flach über den Birken steht,
kann ich nicht sehen, was grün oder weiß ist. So hell,
so blendend
ist der Teufel.«

Gestäupt bis aufs Blut,
vom rechten Jochbein aufwärts über den Kopf
kriecht ein dumpfer Schmerz.
Er hat den zusammengepreßten Mund der Mutter gesehen.
Dort in den Hügeln, in den Ähren
wogen die blassen Lippen.

Er verliert seinen Pfad zwischen wildem
Pflaumengesträuch am Ende der Wiese.

»Mutter!« Schachtelhalm,
Schaumkraut. »Ich bin geschlagen worden.«
Farn und Mondviolen,
aus dem Sonnenlicht
bricht das,
bricht das

Im Gras, unter einer Kapuze versteckt,
hockt der Teufel.
Er wendet dem Kind den Rücken zu,
Findling voll Moos
und trockenen Flechten, aber es ist Linnen.

»Wenn er in mir ist, schlage ich heimlich eine Nuß auf,
lausche, wie sie unter dem Stein knackt.
Nur daß die Schalen
nicht zu klein zersplittern, darauf muß ich achtgeben,
auf den Ton, wenn die Nuß aufspringt und das Fleisch
im Inneren noch unversehrt ist.«

Blutendes Kind
läuft auf den Kapuzenfelsen zu.
»Er weiß alles von mir, kennt sich aus in meinen Adern.«
Der Mund
wie ein Dreckschlund,
schwarz und lechzend, die Zahnstummel, ei,
er grinst, hat sich umgewendet,
Schlitze, ei, lachende
Blicke, gierige
Augen. Er winkt Martin heran.

Weil er die kleinen Kinder so mag
und wie sie kreischend vor ihm fliehen,
hört er's doch so gern, diese hohen,
jungen Töne. Er winkt,
und das Kind
hebt Steine auf: Weg!

Eine Wolke, wie eine Falkenfeder gezeichnet,
treibt über den Wald, die Birken
neigen sich, reiben
aneinander, der Alte, getroffen, schreit auf,
freut sich, scheint's, daran, so schrill
ist die Heimkehr der eigenen Stimme ins Geräusch.

»Dahinten, wo die Wolken herkommen und es dunkel wird,
muß das Elternhaus sein,
wo die flachen Hügel zusammenlaufen,
stehen das Schloß und die Hütten Mansfelds,
wird nach Metall gegraben, wird es ausgeschmolzen
und verladen.
Wenn mich Christus gerichtet hat,
wird niemand mehr dort auf mich warten.
Jeder Mauerstein wird zu mir sagen:
Ich kenne dich nicht.«

Für ewig,
daß er gestäupt wird,
von der Mutter gestäupt
ohne Mutter, weil der Teufel in ihm ist,
bleibt er allein
mit dem Blut auf der Zunge.

Die Nuß wird ewig süß schmecken und ihn verraten:
Wie ein Schacht, in den er hinabrutscht,
aber niemals aufschlagen,
niemals sterben wird, immerfort sterben,
aber ohne Ausgang.
»Mutter, hole mich!
Mutter, Liebmater, hole mich weg von dir!«

Dahinten beginnt der Wald,
ewiger Wald;
die Buchen sehen ihn mit weiten Pupillen an,
der Schierling zeigt auf ihn.
Gehörnte Schädel, die Schatten
der Eichen breiten sich wie dunkle Augenringe
am Boden aus. Kreuz- und Quergehölz,
umkrallte Stöcke, wie Zähne. Eine Wucherung
nah an den Wurzeln,
die Baumhaut stülpt sich nach vorn: Da wartet wer.
Martin, unser Kind,
wo warst du so lange?

In Brusthöhe verdickt sich einer
der dicht gedrängten Eichenstämme, gibt
sein Kinn frei,
das im Dämmern schwillt, sich hebt,
den Hals überstreckt, borkige Lippen öffnen sich
still: Nur Mundraum,
Eichenkehle verschlingt einen großen Brocken
Menschenwelt, bietet
den offenen Rachen dem Himmel dar: K-I-N-D.
Ein Regenschauer dringt in den erstickten Aufschrei,
Röhren-
heiserkeit eines Lautes, der nichts bedeutet.

Dort die Esche im Wind,
er setzt sich nieder;
Zweige hängen herab und berühren sein Gesicht,
die ersten Sterne stechen in die Augen.
Wald, dunkler denn je, dunkler noch
als die Mutterliebe,
kauender Teufel in ihm: Zucker, mein Zucken
im Lid. Die Mutter
in den Böen
schlägt mit einem Ast, mit einem Stein in der Faust,
mit einem Knochen.

Ihr Unterkiefer
wächst im Abendschein so lang,
daß sich die Zähne nicht mehr treffen.

Aber sie mußte ihn doch stäupen,
bevor der Teufel aus seinen Schläfen getreten wäre
wie Schlehenstacheln.
Martin war ihr Sohn,
ein böses Wesen blutete allmählich aus ihm heraus.
Warum hatte er nicht gewartet
unter den Schlägen,
bis er sich wieder in Martin verwandelt hätte,
ohne Teufel, ohne Angst und Nüsse?

Er legte sich ins feuchte Moos,
einsilbiges Grün, in das seine Haut lange hineinschweigt,
eine Weile Blätter, die sich bewegen –
wie zu Hause am Stubenfenster,
wenn er sich ein wenig drehte,
und was draußen war, sich verschob,
die Stämme knickten,

die Wolken sprangen, hin und her hüpften die Bäume,
rutschten die Dächer, wenn er den Kopf wiegte,
bis ihm schwindelig wurde.

Seine Wange und das Moos verstehen sich.

Im Mondlicht wandern kleine Flämmchen über die Blätter,
sie tanzen und züngeln und heben Flügel,
stieben hoch, wenn der Wind auffrischt;
dort
liegt ein Junge, sieht den Eschenglanz, friert,
doch es fehlt ihm nichts.

Hat geschlafen. Jahre geschlafen.
Jetzt geht der Große Wagen auf,
und in dem Land hinter den Wolken,
wo die Birken wurzeln und man Metall ausgräbt,
ist er vergessen.

Martin! Martin!

Ausgetrieben aus dem Jungen:
Wozu soll er antworten?

Es ist seltsamerweise wieder heller geworden.
Er sollte heimgehen,
sollte aufstehen und den ganzen Weg zurücklaufen,
die Haustür öffnen, als wäre nichts geschehen.

So viel Ruhe, die Mutter
gießt heißes Wasser zu.
Dampf steigt auf, und das Kind atmet ihn ein.
Er steht nackt neben dem Zuber

und sieht rote Hände, wie sie das Wasser bewegen, zittert;
ihm ist kalt, glücklich
kalt, wie die Zähne aufeinanderschlagen,
das ist lustig,
wie es klappert und er nichts dagegen tun kann,
wie ein Ballspiel.
Wohlige Trägheit, die ihn forttreibt
in die Hände der Mutter,
sie faßt ihn unter den Achseln und hebt ihn vorsichtig in den Trog.
Zuerst nur die Füße: Ist es zu heiß?
Ja. Du mußt dich an die Wärme gewöhnen,
dann wird es gut. Der Dampf
macht die Eichenschatten vergessen.
An den Füßen brennt es.
Ganz der Mutter ergeben,
sie taucht ihn ein,
stellt ihn in die Wanne,
nimmt den Krug und gießt Heißes zu, prüft
mit dem Ellenbogen und läßt ihm langsam dann
das Wasser über den Rücken laufen.
Ganz vorsichtig,
gütig.
Die Wärme entledigt sich endgültig der Zeit und ruht auf ihm.

Sieh, die Jahresringe,
die Maserung der Bretter über dem Bett.
Sie bewegen sich und formen Gesichter. Manche kennt er
aus Fiebertagen.
Mutter legt ihre Hand auf Martins Kopf,
streichelt, zeichnet ein Kreuz auf die Stirn.
Zwei schwarze Pupillen ruhen auf ihm,
weit,
ohne einen Flecken Schnee oder Juniblüte,

ohne Mondlicht und ohne zu verstehen,
zwei offene Täuschungen
oder Angst.

2

»Wie geschah mir? Ich erschrack ein mal fur dem sacrament, das Doctor Staupiz zu Isleben in der procession trug corporis Christi.«

»Ich sah im Metall das Licht:
Anwesendes,
ich fühlte es atmen,
einen Körper unter blanken Strahlen
der Monstranz:
Gott,
wo du bist, ist nichts,
gleißende Helle, die sich entfernt,
indem sie näher kommt,
und plötzlich liegt auf meiner Hand eine braune Kastanie,
voll Gott,
und die kahlen Zweige flirren, graue Fingerspitzen,
voll Gott,
das Pflaster, die Mauern,
voll Gott, und ich singe vor mich hin
ohne Stimme,
habe den Sinn verloren, kann nicht einmal mehr
stolpern, halle
und wiederhole mich, halle,
Gott, voll Gott,
wo du bist, ist nichts,
denn Martin läuft in der Prozession,
voll Gott, da bin ich nicht
Martin,
ist die Zukunft leer von mir,
ist die Mutter mein Schatten, und jetzt
sieht er,

blinzelnde Monstranz,
im langsamen Gehen
Gottes, wie eine Fledermaus im Steilflug
schreit, unhörbar, und stürzt sich in die blendende Nacht,
nach Gehör in die Tiefe,
Martin,
hallende Monstranz,
voll Gott und Echos und Gott,
da war es nah,
wie Gehör, wie Gesicht, war es nah,
wie die Sekunde Stille vor einem Blitzschlag, Erbleichen
und Erröten:
der Gott,
das«

Intermezzo:
Thomas Müntzer blickt nach Osten

»Nun dran, dran, dran, es ist Zeit, die Böswichter sind frei verzagt wie die Hund …
Laßt euer Schwert nicht kalt werden! Schmiedet auf den Ambossen! … Es ist nicht
möglich, solange sie leben, daß ihr der menschlichen Furcht solltet leer werden.
Gott geht euch vor, folgt, folgt!« Brief Thomas Müntzers an die Allstetter, 26. oder
27. April 1525

Das Land ist wach, die Fluren liegen offen.
Wie faule Äpfel sind die Städte reif
und spüren, daß ein fremdes Licht sie greift:
Es ist jetzt nicht mehr an der Zeit, zu hoffen –

es ist die Stunde da, zu schauen!
Wenn je der Tag uns kommen soll, muß schwinden,
was Stückwerk ist und reich heißt, muß erblinden,
was Glückliche in ihrem Glanz erbauen!

Dem Einsamen ist Gott ein Spiegel:
Er sieht den Talgrund, wo Gebirg verströmt,
erkennt den Wind, der für Sekunden dröhnt,

und treibt davon. Gebrochen ist das Siegel:
Mit jedem Schritt geht meine Welt zu Ende,
fällt mir als Blatt, durchlöchert, in die Hände.

3

»Die ganze Welt ist voller Sprache ... Schafe, Kühe, Bäume, wenn sie blühen, sprechen: Hephethah! Tu dich auf!«

»Noch nicht einmal zu betteln
vermag ich. Die Schale,
hölzernes Tagwerk, in den Händen ist leer.

Verkrümmte Finger,
Gichtgelenke-
klumpen sind geblieben, und behaupten:

Die steine im leib
drücken immer mehr. Man hört von mir:

Ja, es ist ein kalt toder schweiß
auf der Stirn,

ein Tag sagt's dem andern,
und es klingt den Engeln wie ein Sonnenaufgang.

Singen: Gicht – Steine – Schweiß.
Engel sind ein merkwürdiges Gefieder.

Wer bewegte nur den Türbalken dazu,
jenen hellen,
flirrenden Laut zu bilden?

Ja, das hat er gut gesagt, der Justus Jonas:
Gicht – Steine – Schweiß.
Ich achte, ich werde hie zu Eisleben bleiben,
wo er ein Fenster geöffnet hat.

Was für ein Licht, die eisige Sonne und tief darin
der Nieselregen!
Licht, das die Birkenstämme gleißen läßt
und wie ein süßer Nachgeschmack die Zunge überwältigt,
zinkweiß!

Ich trage den Schlaf wie einen Talar über den Innereien.
Das war in Wittenberg am achten September 1538:

Und sie brachten ihm einen tawben / der stum war /
und sie baten in /
daß er die Hand auff ihn legte.

Ich redete doch,
gab Laut, wie ein Böcklein, das einzeln grast,
hatte den Husten,
ich hatte mir in der Kälte das Sprechen geholt.
Aber sie schauten auf, als sei ich in Metall gegossen,
die rechte Hand auf dem Buch.

Und er nam in von dem volck besonders /
und legete im die finger in die ohren / und spützet und rüret seine zunge /
und sahe auf gen himel / seuffzet und sprach zu im:
Hephethah! / das ist: thu dich auff!

Es ist unerträglich, wie sie atmen
unter der Kanzel, daß der Chorraum dröhnt, und die Steine
starren mich an,
die gebrannten Gesichtshäute, Pfeiler.

Da ist ein Pfirsichkern, liegt unter der Kanzel
und atmet,
wie eine Brustwarze bebt er und wird hart

zwischen den Lippen, der Kern seufzt auf:
Hephethah!

Der Justus Jonas? Kommt auf mich zu mit einem Becher,
der das Licht spiegelt
in der Glasur, und ich bin geblendet,
solange ich Atem hole,
ist Zeit,
aber er streckt seine Hand aus, und sie kommt immer näher,
die Nägel, die rostigen Kuppen wie Werkzeuge.

So klein, wie etwas Pollen auf der Haut, das Geräusch:
Tu dich auf!

Wehrlos,
so erbarmungswürdig,
so verhakt auf Jakobsleitern, kaum merklich
warm,
oder wie das Ohr einer Fledermaus aufgerichtet:
Hephethah!
Die ganze Welt ist voller Sprache.

Sie sitzen und warten, und was aus meinem Mund dringt,
ist lautlos,
als würde ein Schnee über die Bänke treiben
und liegenbleiben, still,
als ich stehe,
als ich den Becher nicht erreiche,
Zunge
taub in meinem Mund verharrt:
Hephethah ...«

Anmerkungen

Du, Dorngesträuch im Feuer: »Mose aber hütete die Schafe Jitros, seines Schwiegervaters, des Priesters in Midian, und trieb die Schafe über die Steppe hinaus, und kam an den Berg Gottes, den Horeb. / Und der Engel des Herrn erschien ihm in einer feurigen Flamme aus dem Dornbusch. Und er sah, daß der Busch im Feuer brannte, und doch nicht verzehrt wurde.« (2. Mose 1-2)

Wie mich hüllt in stille Scheu: »Wenn das Weizenkorn nicht in die Erde fällt und erstirbt, bleibt es allein; wenn es aber erstirbt, so bringt es viel Frucht.« (Johannes 12,24)

Gründer aller Stern: Conditor alme siderum ... Hymnus zur Vesper im Advent (anonym, vermutlich 8. Jahrhundert).

Die Pharaonenkatze und das Krokodil: Nach dem »Physiologus«, einem im zweiten nachchristlichen Jahrhundert zusammengestellten metaphorisch-naturkundlichen Werk in griechischer Sprache.

Was kann erlösen ...: »Ich elender Mensch! Wer wird mich erlösen von diesem todverfallenen Leibe?« (Brief des Paulus an die Römer 7,24)

Wohin denn ich?: Friedrich Hölderlin, *Abendphantasie.*

Deutschland liegt am Meer: Ingeborg Bachmann, *Böhmen liegt am Meer.*

... drei, bei den Buhnen ...: »Und der Herr erschien Abraham im Hain Mamre, während er an der Tür seines Zeltes saß, als der Tag am heißesten war. / Und als er seine Augen aufhob und sah, siehe, das standen drei Männer vor ihm.« (1. Mose 18,1-2)

Gegrüßet seiest Du: Rauschen ...: »Und der Engel kam zu ihr hinein und sprach: Sei gegrüßt, du Begnadete! Der Herr ist mit dir!« (Lukas 1,28)

Blaue Äuglein ...: »Er sah nichts als die blaue Blume, und betrachtete sie lange mit unnennbarer Zärtlichkeit. Endlich wollte er sich ihr nähern, als sie auf einmal sich zu bewegen und zu verändern anfing ...« (Novalis, *Heinrich von Ofterdingen*)

»Meine Mutter stäupte [schlug] *mich wegen einer einzigen Nuß bis aufs Blut.« »Wie geschah mir? Ich erschrack ein mal fur dem sacrament, das Doctor Staupiz zu Isleben in der procession trug corporis Christi* [beim Fest des Leibes Christi].«: Erinnerungen Martin Luthers, aufgezeichnet in den »Tischreden« (Weimarer Ausgabe 137 und 3566).

»Die ganze Welt ist voller Sprache ...«: Predigt Martin Luthers am 8. September 1538 in der Wittenberger Stadtkirche über die Geschichte der Heilung eines Taubstummen nach Markus 7,31-37.

»Die steine im leib drücken immer mehr ... Ja, es ist ein kalt toder schweiß ... Ich achte, ich werde hie zu Eisleben bleiben ...«: Aus dem Bericht von Justus Jonas und Michael Coelius über die letzten Stunden Luthers.

Inhaltsverzeichnis

III *Wegwarten*